Sabedoria na resistência
Período romano

COLEÇÃO BÍBLIA EM COMUNIDADE

PRIMEIRA SÉRIE – VISÃO GLOBAL DA BÍBLIA

1. Bíblia, comunicação entre Deus e o povo – Informações gerais
2. Terras bíblicas: encontro de Deus com a humanidade – Terra do povo da Bíblia
3. O povo da Bíblia narra suas origens – Formação do povo
4. As famílias se organizam em busca da sobrevivência – Período tribal
5. O alto preço da prosperidade – Monarquia unida em Israel
6. Em busca de vida, o povo muda a história – Reino de Israel
7. Entre a fé e a fraqueza – Reino de Judá
8. Deus também estava lá – Exílio na Babilônia
9. A comunidade renasce ao redor da Palavra – Período persa
10. Fé bíblica: uma chama brilha no vendaval – Período greco-helenista
11. Sabedoria na resistência – Período romano
12. O eterno entra na história – A terra de Israel no tempo de Jesus
13. A fé nasce e é vivida em comunidade – Comunidades cristãs na terra de Israel
14. Em Jesus, Deus comunica-se com o povo – Comunidades cristãs na diáspora
15. Caminhamos na história de Deus – Comunidades cristãs e sua organização

SEGUNDA SÉRIE – TEOLOGIAS BÍBLICAS

1. Deus ouve o clamor do povo (Teologia do êxodo)
2. Vós sereis o meu povo e eu serei o vosso Deus (Teologia da aliança)
3. Iniciativa de Deus e corresponsabilidade humana (Teologia da graça)
4. O Senhor está neste lugar e eu não sabia (Teologia da presença)
5. Profetas e profetisas na Bíblia (Teologia profética)
6. O Sentido oblativo da vida (Teologia sacerdotal)
7. Faça de sua casa um lugar de encontro de sábios (Teologia sapiencial)
8. Grava-me como selo sobre teu coração (Teologia bíblica feminista)
9. Teologia rabínica (em preparação)
10. Paulo, apóstolo de Jesus Cristo pela vontade de Deus (Teologia paulina)
11. Compaixão, cruz e esperança (Teologia de Marcos)
12. Lucas e Atos: uma teologia da história (Teologia lucana)
13. Ide e fazei discípulos meus todos os povos (Teologia de Mateus)
14. Teologia joanina (em preparação)
15. Eis que faço novas todas as coisas (Teologia apocalíptica)
16. As origens apócrifas do cristianismo (Teologia apócrifa)
17. Teologia da Comunicação (em preparação)
18. Minha alma tem sede de Deus (Teologia da espiritualidade bíblica)

TERCEIRA SÉRIE – BÍBLIA COMO LITERATURA

1. Bíblia e Linguagem: contribuições dos estudos literários (em preparação)
2. Introdução às formas literárias no Primeiro Testamento (em preparação)
3. Introdução ao estudo das formas literárias no Segundo Testamento
4. Introdução ao estudo das Leis na Bíblia
5. Introdução à análise poética de textos bíblicos
6. Introdução à Exegese patrística na Bíblia (em preparação)
7. Método histórico-crítico da Bíblia
8. Análise narrativa da Bíblia
9. Método retórico e outras abordagens (em preparação)

QUARTA SÉRIE – RECURSOS PEDAGÓGICOS

1. O estudo da Bíblia em dinâmicas – Aprofundamento da Visão Global da Bíblia
2. Aprofundamento das teologias bíblicas (em preparação)
3. Aprofundamento da Bíblia como Literatura (em preparação)
4. Pedagogia bíblica
   4.1. Primeira infância: E Deus viu que tudo era bom
   4.2. Segundo Infância (em preparação)
   4.3. Pré-adolescência (em preparação)
   4.4. Adolescência (em preparação)
   4.5. Juventude (em preparação)
5. Modelo de ajuda (em preparação)
6. Mapas e temas bíblicos (em preparação)
7. Metodologia de estudo e pesquisa (em preparação)

Serviço de Animação Bíblica - SAB

Sabedoria na resistência

Período romano (63 a.E.C. a 27 a.E.C.)

6ª edição – 2014
4ª reimpressão – 2021

Dados Internacionais de Catalogação na Publicação (CIP) (Câmara Brasileira do Livro, SP, Brasil)

Sabedoria na resistência : período romano (63 a.E.C. a 27 a.E.C.) / elaboração do texto Paulo Sérgio Soares e equipe do SAB ; ilustrações Roberto Melo. – 6. ed. – São Paulo : Paulinas, 2014. – (Coleção Bíblia em comunidade. Série visão global ; v. 11)

ISBN 978-85-356-3789-2

1. Bíblia - Estudo e ensino - Metodologia 2. Judeus - Civilização - Influências gregas 3. Judeus - Civilização - Influências romanas 4. Judeus - História - Até 70 I. Soares, Paulo Sérgio. II. Serviço de Animação Bíblica - SAB. III. Melo, Roberto. IV. Série.

14-05436   CDD-220.95

Índice para catálogo sistemático:
1. História na Bíblia   220.95

Revisado conforme a nova ortografia.

Elaboração do texto: *Paulo Sérgio Soares e Equipe do SAB*
Assessores bíblicos: *Jacil Rodrigues de Brito, José Raimundo Oliva, Romi Auth, Valmor da Silva*
Cartografia: *Prof. Dr. José Flávio Morais Castro, do Departamento de Planejamento Territorial e Geoprocessamento do IGCE – UNESP*
Metodologia: *Maria Inês Carniato*
Ilustrações: *Roberto Melo*
Citações bíblicas: Bíblia de Jerusalém, *São Paulo, Paulus, 1985*

Gratidão especial às pessoas que colaboraram, com suas experiências, sugestões e críticas, para a elaboração e apresentação final do projeto "Bíblia em comunidade" na forma de livro e transparências para retroprojetor.

SAB – Serviço de Animação Bíblica
Av. Afonso Pena, 2142 – Bairro Funcionários
30130-007 – Belo Horizonte – MG
Tel.: (31) 3269-3737 / Fax: (31) 3269-3729
E-mail: sab@paulinas.com.br

Paulinas
Rua Dona Inácia Uchoa, 62
04110-020 – São Paulo – SP (Brasil)
Tel.: (11) 2125-3500
http://www.paulinas.com.br – editora@paulinas.com.br
Telemarketing e SAC: 0800-7010081

©Pia Sociedade Filhas de São Paulo – São Paulo, 2002

Apresentação

Os volumes da coleção "Bíblia em comunidade" têm o objetivo de acompanhar os que desejam entrar em comunicação e comunhão com Deus por meio da Bíblia, trazendo-a para o centro de sua vida e da comunidade.

Muitas pessoas — e talvez você — têm a Bíblia e a colocam num lugar de destaque em sua casa; outras fazem dela o livro de cabeceira, outras, ainda, a leem engajadas na caminhada de fé de sua Igreja, seguindo sua orientação. Muitas, ao lê-la, sentem dificuldade de entendê-la e a consideram misteriosa, complicada, difícil. Algumas de suas passagens até despertam medo. Por isso, a leitura, o estudo, a reflexão, a partilha e a oração ajudam a despertar maior interesse nas pessoas; na leitura diária elas descobrem a Palavra como força que as leva a ver a realidade com olhos novos e a transformá-la. O conhecimento, a libertação, o amor, a oração e a vida nova que percebem ao longo da caminhada são realizações de Deus com sua presença e ação.

Esta coleção oferece um estudo progressivo em quatro séries. A primeira, "Visão global", traz as grandes etapas da história do povo da Bíblia: a terra, a região, o povo, a cultura, os personagens, as narrativas que falam de sua relação de amor com Deus. À medida que conhecemos a origem e a história do povo, percebemos que a Bíblia retrata a experiência de pessoas como nós, que descobriram a presença de Deus no cotidiano de sua vida e no da comunidade, e assim deram novo sentido aos acontecimentos e à história.

"Teologias Bíblicas" são o assunto da segunda série, que estuda aquilo que o povo da Bíblia considerou essencial em sua comunicação com Deus. As grandes experiências de fé foram sempre contadas, revividas e celebradas nos momentos mais importantes da história e ao longo das gerações. O povo foi entendendo progressivamente quem era Deus na multiplicidade de suas manifestações, especialmente nas situações difíceis de sua história.

O título da terceira série é "Bíblia como literatura". Nela são retomados os textos bíblicos de épocas, lugares, contextos sociais, culturais e religiosos diferentes. Vamos estudar, por meio dos diversos gêneros literários, a mensagem, a interpretação e o sentido que eles tiveram para o povo da Bíblia e que nós podemos descobrir hoje. Cada um deles expressa, em forma literária e orante, a experiência de fé que o povo fez em determinadas situações concretas. Os tempos de hoje têm muitas semelhanças com os tempos bíblicos. Embora não possamos transpor as situações do presente para as da época bíblica, pois os tempos são outros, o conhecimento da situação em que os escritos nasceram ajuda-nos a reler a nossa realidade com os mesmos olhos de fé.

Por fim, a quarta série, "Recursos Pedagógicos", traz ferramentas metodológicas importantes para auxiliar no estudo e aprofundamento do conteúdo que é oferecido nas três séries: Visão Global da Bíblia, Teologias Bíblicas e Bíblia como Literatura. Esta série ajuda, igualmente, na aplicação de uma Metodologia de Estudo e Pesquisa da Bíblia; na Pedagogia Bíblica usada para trabalhar a Bíblia com crianças, pré-adolescentes, adolescentes e jovens; na Relação de Ajuda para desenvolver as habilidades de multiplicador e multiplicadora da Palavra, no meio onde vive e atua.

A coleção "Bíblia em comunidade" quer acompanhar você na aventura de abrir, ler e conhecer a Bíblia, e, por meio dela, encontrar-se com o Deus Vivo. Ele continua, hoje, sua comunicação em nossa história e com cada um(a) de nós. Mas, para conhecê-lo profundamente, é preciso deixar que a luz que nasce da Bíblia ilumine o contexto de nossa vida e de nossa comunidade.

Este e os demais subsídios da coleção "Bíblia em comunidade" foram pensados e preparados para pessoas e grupos interessados em fazer a experiência da revelação de Deus na história e acompanhar outras pessoas nessa caminhada. O importante neste estudo é perceber a vida que se reflete nos textos bíblicos, os quais foram vida para nossos antepassados e podem ser vida para nós. Sendo assim, as ciências, a pesquisa, a reflexão sobre a história, os fatos podem nos ajudar a não cair numa leitura fundamentalista, libertando-nos de todos os "ismos" — fundamentalismos, fanatismos, literalismos, proselitismos, exclusivismos, egoísmos... — e colocando-nos numa posição de abertura ao inesgotável tesouro de nossas tradições milenares. A mensagem bíblica é vida, e nossa intenção primeira é evidenciar, ajudar a tornar possível essa vida.

Vamos juntos fazer esta caminhada!

Equipe do SAB

Metodologia

Para facilitar a compreensão e a assimilação da mensagem, a coleção "Bíblia em comunidade" segue uma metodologia integral, que descrevemos a seguir.

Motivação

"Tira as sandálias", diz Deus a Moisés, quando o chama para conversar (Ex 3,5). Aproximar-se da Bíblia de pés descalços, como as crianças gostam de andar, é entrar nela e senti-la com todo o ser, permitindo que Deus envolva nossa capacidade de compreender, sentir, amar e agir.

Para entrar em contato com o Deus da Bíblia, é indispensável "tornar-se" criança. É preciso "tirar as sandálias", despojar-se do supérfluo e sentir-se totalmente pessoa chamada por Deus pelo nome para se aproximar dele, reconhecê-lo como nosso *Go'el*, nosso Resgatador, e ouvi-lo falar em linguagem humana. A comunicação humana é anterior aos idiomas e às culturas. Para se comunicar, todo ser humano utiliza, ainda que inconscientemente, a linguagem simbólica que traz dentro de si, a qual independe de idade, cultura, condição social, gênero ou interesse. É a linguagem chamada primordial, isto é, primeira: a imagem, a cor, o ritmo, a música, o movimento, o gesto, o afeto, enfim, a experiência.

A escrita, a leitura e a reflexão são como as sandálias e o bastão de Moisés: podem ajudar na caminhada até Deus, mas, quando se ouve a voz dele chamando para conversar, não se leva nada. Vai-se só, isto é, sem preconceitos nem resistências: "como criança", de pés descalços.

Sintonia integral com a Bíblia

O estudo da Bíblia exige uma metodologia integral, que envolva não só a inteligência, mas também o coração, a liberdade e a comunidade.

Com a inteligência, pode-se conhecer a experiência do povo da Bíblia:
- descobrir o conteúdo da Bíblia;
- conhecer o processo de sua formação;
- compreender a teologia e a antropologia que ela revela.

Com o coração, é possível reviver essa experiência:
- entrar na história da Bíblia, relendo a história pessoal e a comunitária à luz de Deus;
- realizar a partilha reverente e afetiva da história;
- deixar que a linguagem humana mais profunda aflore e expresse a vida e a fé.

Com a liberdade, a pessoa pode assumir atitudes novas:
- deixar-se iluminar e transformar pela força da Bíblia;
- viver atitudes libertadoras e transformadoras;
- fazer da própria vida um testemunho da Palavra de Deus.

Com a comunidade, podemos construir o projeto de Deus:
- iluminar as diversas situações da vida;
- compartilhar as lutas e os sonhos do povo;
- comprometer-se com a transformação da realidade.

Pressupostos da metodologia integral

Quanto aos recursos:
- os que são utilizados com crianças são igualmente eficazes com adultos, desde que estes aceitem "tornar-se crianças";
- incentivam o despojamento, a simplicidade e o resgate dos valores esquecidos na vida da maioria dos adultos. As duas expressões elementares da linguagem humana primordial são imagem-cor, movimento-ritmo. Todo recurso metodológico que partir desses elementos encontra sintonia e pode se tornar eficaz.

Quanto à experiência proposta:
A metodologia integral propõe que o conhecimento seja construído não só por meio do contato com o texto escrito, mas também da atualização da experiência. Para isso é indispensável:
- a memória partilhada e reverente da história, do conhecimento e da experiência de cada um dos participantes;
- o despojamento de preconceitos, a superação de barreiras e o engajamento nas atividades alternativas sugeridas, como encenações, danças, cantos, artes.

Recursos metodológicos
Para que a metodologia integral possa ser utilizada, a coleção "Bíblia em comunidade" propõe os seguintes recursos metodológicos:

a) Livros
Os livros da coleção trazem, além do conteúdo para estudo, as sugestões de metodologia de trabalho com os temas em foco. Podem ser utilizados de várias formas: em comunidade ou em grupo, em família ou individualmente.

1. Partilha comunitária
Pode reunir-se um grupo de pessoas, lideradas por alguém que tenha capacitação para monitorar a construção comunitária da experiência, a partir da proposta dos livros.

2. Herança da fé na família
Os livros podem ser utilizados na família. Adultos, jovens, adolescentes e crianças podem fazer a experiência sistemática de partilha da herança da fé, seguindo a metodologia sugerida nas reuniões, como se faz na catequese familiar.

Na modalidade de estudo em comunidade, em grupo ou em família, existem ainda duas opções:

- *Quando todos possuem o livro.* O conteúdo deve ser lido por todos, antes da reunião; nela se faz o mutirão da memória do que foi lido e o(a) líder coordena a síntese; depois se realiza o roteiro previsto nas sugestões metodológicas para o estudo do tema.
- *Quando só o(a) líder tem o livro.* Fica a cargo do(a) líder a prévia leitura e síntese do conteúdo, que será exposto ao grupo. Passa-se a seguir o roteiro previsto nas sugestões metodológicas para o estudo do tema.

3. Estudo pessoal dos livros
Embora a coleção dê ênfase ao estudo da Bíblia em comunidade, os livros podem ser utilizados também por pessoas que prefiram conhecê-la e estudá-la individualmente, seguindo os vários temas tratados.

b) Recursos visuais

Para que se realize a metodologia integral, são indispensáveis mapas, painéis e ilustrações, indicados nos roteiros de estudo dos temas, sempre que necessário. Os recursos seguem alguns critérios práticos:

- os mapas se encontram nos livros, para que as pessoas possam colori-los e visualizá-los;
- esses mapas foram reproduzidos em transparências para retroprojetor;
- outros recursos sugeridos nos roteiros podem ser produzidos segundo a criatividade do grupo.

Roteiro para o estudo dos temas

Os encontros para o estudo dos temas seguem um roteiro básico composto de quatro momentos significativos. Cada momento pode ter variantes, como também a sequência dos momentos e os recursos neles usados nem sempre são os mesmos. Os quatro momentos são:

1. *Oração*: conforme a criatividade do grupo.
2. *Mutirão da memória*: para compor a síntese do conteúdo já lido por todos ou para ouvir a exposição feita pelo(a) líder.
3. *Partilha afetiva*: memória e partilha de experiências pessoais que ilustrem os temas bíblicos que estão sendo trabalhados.
4. *Sintonia com a Bíblia*: leitura dos textos indicados, diálogo e síntese da experiência de estudar o tema e sua ressonância em nossa realidade. Cabe ao(à) líder mostrar os pontos essenciais do conteúdo.

Quanto ao desenvolvimento, pode ser assessorado por equipes: de animação, de espiritualidade, de organização.

Cursos de capacitação de agentes para a pastoral bíblica

O Serviço de Animação Bíblica (SAB) oferece cursos de capacitação de agentes que desejam colaborar na formação bíblica em suas comunidades, paróquias e dioceses. Os cursos oferecem o aprofundamento dos temas a partir da coleção "Bíblia em comunidade" e a realização de atividades que possibilitem uma análise de conteúdos a partir das diversas linguagens de comunicação, como: vídeo, teatro, métodos de leitura bíblica e outros.

Introdução

Este é o décimo primeiro livro da série "Visão global", que faz parte da coleção "Bíblia em comunidade". Seu título "Sabedoria na resistência" retrata o último período da vida em Israel antes do nascimento de Jesus. O império romano havia crescido muito e dominava toda a região do povo da Bíblia. Impostos, escravidão, corrupção, desrespeito à fé e repressão pela força, trouxeram imenso sofrimento, mas muitas pessoas resistiram, manifestando-se, expondo a própria vida e refletindo sobre a situação à luz da fé. A sabedoria do povo foi fonte de resistência e, ao mesmo tempo, a luta fez amadurecer a experiência de Deus e de sua ação na história. O livro compõe-se de quatro encontros, para aprofundamento de quatro temas.

O primeiro tema, "Israel e Brasil, irmãos na luta da libertação", aborda a dura realidade de ontem e de hoje: a força dos grandes impérios, que subjugam e exploram os povos conquistados. No tempo da Bíblia, Israel esteve sempre nas mãos das potências da época. Da mesma forma, o Brasil, desde sua colonização até hoje, foi controlado e explorado pela ganância de outras nações. É a mesma história, e também a mesma fé. São povos irmãos na luta pela libertação.

"O Império romano: a pirâmide da opressão" — o segundo tema —, estuda a formação do império e suas forças de domínio, como o exército, os tributos, o poder político, a corrupção, as traições, e as obras faraônicas, que levavam o povo dominado a viver como escravo, sustentando a pirâmide e as regalias dos poucos privilegiados.

O terceiro tema, "Israel dá a vida pela fé", mostra que, mesmo dentro de uma situação de intrigas, assassinatos, luta pelo poder e manipulação religiosa, muitas pessoas em Israel resistiam e se manifestavam contra o domínio romano, sendo inclusive eliminadas por serem consideradas rebeldes. O amor à identidade e à fé judaica levaram muitos a se entregarem à morte, para defender a liberdade do povo e da fé.

Por fim, o quarto tema, "Reações dos judeus ao poder romano", analisa os vários grupos que se formaram dentro do povo judeu, alguns favoráveis à política do império, outros resistentes e desejosos de resgatar os valores judaicos. Nesse tempo, nasceu o último escrito do Primeiro Testamento, o Livro da Sabedoria, que procura iluminar a situação atual relendo a história do povo, com a certeza de que só o Deus de Israel pode libertar e dar vida, e que os que a ele se mantêm fiéis não se decepcionam.

Ao compreender o conteúdo deste livro, você estará se preparando para estudar e entender a vida de Jesus e o nascimento das comunidades cristãs primitivas, pois foi neste contexto e com estas pessoas que viveram Jesus e seus primeiros seguidores.

1º tema
Israel e Brasil, irmãos na busca da libertação

A tentação de dominar pessoas, grupos, sociedades e povos é uma realidade tão antiga quanto a existência do ser humano. Israel e Brasil desde as suas origens, e até hoje, vivem períodos mais ou menos intensos de dominação de grupos alinhados com os interesses próprios e de fora, e com a dominação externa.

Retomando o caminho feito

Israel foi dominado por vários impérios estrangeiros quando ainda não se havia constituído como povo, no tempo do Novo Império egípcio (1552-1070 a.E.C.). A Assíria, a partir de 722 a.E.C., arrasou o reino de Israel, ao Norte. Depois a Babilônia, em 587/6, destruiu o reino de Judá, ao Sul, sendo sucedida pela Pérsia, 538 a.E.C. Um pouco mais de 200 anos e Israel experimentou o domínio dos gregos em 333 a.E.C. Foi um período marcado pela sucessão de dominadores, cada um querendo "pôr a mão" naquela terra. O povo ficou como peteca, ora na mão de um, ora na mão de outro. Com a morte de Alexandre Magno, em 323, Israel passou para as mãos dos generais: primeiro foram os Ptolomeus ou Lágidas do Egito; depois, em 198 a.E.C., os Selêucidas da Síria. E, por último, cai nas mãos dos romanos.

O período grego trouxe tempos difíceis para Israel

Houve muitos conflitos entre os que defendiam a fidelidade irrestrita à Torá e os que pretendiam "helenizar" o judaísmo, isto é, incorporá-lo à cultura grega. Esta tentou se impor várias vezes pela força e pelo autoritarismo dos tiranos da época. Nesse contexto surgiram escritos de resistência à cultura estrangeira, como os de Tobias e Ester, e outros de apoio ou abertura à nova cultura, como os de Judite e do Eclesiástico.

A partir de 167 a.E.C., Israel começou a ensaiar uma relativa autonomia política com os Macabeus, que se manteve até o ano 63 a.E.C. Nesse período, sobretudo no tempo de Jônatas (160-143 a.E.C.) e de João Hircano (134-104 a.E.C.), Israel conseguiu estender seu domínio de novo sobre os territórios das antigas tribos, enfrentando os interesses dos reis vizinhos de Damasco, ao norte, e da Nabateia, mais ao sudeste. Contudo, Jerusalém ainda permanecia como último reduto selêucida até 141 a.E.C., quando Simão Macabeu a conquistou definitivamente (1Mc 13,51). A partir daí foi mais abrangente a autonomia religiosa, mas a independência política de outros países cedeu lugar à luta pelo poder em Jerusalém. Nessas intrigas políticas, a influência de Roma nos assuntos da terra de Israel, centralizada em Judá, foi se manifestando cada vez mais claramente sobre a região. Hoje a experiência se repete de forma muito mais subliminar e sofisticada em relação ao domínio dos países do primeiro mundo sobre os demais.

Os impérios que ameaçaram a soberania do Brasil

Em 7 de setembro de 1822, o Brasil tornou-se independente de Portugal. A partir daí se constituiu uma nação autônoma e soberana. Porém, esse fato pouco importou, porquanto o poder continuou nas mãos da família real portuguesa que já se tinha transferido para o Brasil desde 1808. Sendo assim, não deve causar estranheza o fato de que a classe dirigente da nova nação foi constituída exatamente pela elite rica que se beneficiava do regime colonial. Em outras palavras, o Brasil "saiu do aluguel" mas continuou a ser "inquilino" em sua própria terra. O "dono" trocou de residência, mas continuou "dono".

De lá para cá, nosso país vinha percorrendo a estrada da dependência cada vez maior na relação sobretudo com os países da Europa e com os países ricos. Entre eles, destacava-se os Estados Unidos. Essa dependência mostrou-se de diversas formas ao longo da história do Estado brasileiro: a dependência do FMI, dos grandes bancos estrangeiros etc., que geravam a dívida externa; a dependência tecnológica (importação de equipamentos, produção apenas de componentes pelo desconhecimento de toda a técnica de um determinado produto); a dependência cultural (adoção de padrões de comportamento, de consumo, de linguagem, de preferências, de escala de valores próprios de outros países, em detrimento da cultura nacional). Todas estas formas de dependência punham em risco a soberania real do Brasil, uma vez que criavam um círculo vicioso em que se buscava "fora" a ajuda para crescer, mas em contrapartida se reafirmava a supremacia do estrangeiro sobre o que é nacional.

Na própria estrutura interna do Brasil verificamos também esse esquema de falsa liberdade. Vários sistemas políticos se alternaram na história do País: Colônia (1500), Reino Unido a Portugal e Algarve (1815), Império (1822), República (1889). Ao longo deste último, passamos ainda por regimes ditatoriais, como na época do Estado Novo de Getúlio Vargas

(1937-45) e do Regime Militar após o golpe de Estado de 1964 (64-85). Em todos esses regimes, foram sempre as elites que dominaram o País, concentrando terras, poder e riqueza, e assim conseguindo manter-se "por cima", no comando. O povo — homens e mulheres que fizeram e ainda fazem este país crescer — sempre foi e permanece dependente dos "favores" da elite. Agora são "favores políticos", distribuídos generosamente nas épocas eleitorais.

A escolha dos governantes e legisladores por meio do voto direto dá legitimidade aos que exercem o poder político e garante a soberania do País. Mas quando os eleitos adotam uma política de alinhamento aos interesses do grande capital internacional, colocam o país na esteira da dependência econômica dos países credores, que são os mais ricos. O país é soberano, mas se vê obrigado a atender às medidas impostas pelos credores. Estes fazem suas exigências para que uma determinada verba seja repassada ao país. Quem "paga a conta" sempre é o povo. Quem é que, afinal, manda no País?

Roma: de aliada a dominadora

No Brasil como em Israel, a política de recorrer à ajuda de um país estrangeiro para resolver problemas internos sempre resultou, mais cedo ou mais tarde, na perda da liberdade, da soberania e da autodeterminação. No século II a.E.C., os sumos sacerdotes do Templo de Jerusalém cederam à linha dos Selêucidas, que pretendiam helenizar o judaísmo. Chegaram a oferecer sacrifícios no Templo a Zeus Olímpico, o deus supremo dos gregos. A insatisfação do povo ganhou força com a revolta do sacerdote Matatias, em 167 a.E.C. Seus filhos, apelidados depois de "os Macabeus", levaram à frente a guerrilha que tentava retirar o país da linha pró-helenista defendida pelos sumos sacerdotes. Com a ajuda militar e ideológica dos assideus, aliados internos, mais a ajuda militar dos romanos, aliados de fora, foi possível aos Macabeus fazer prevalecer a linha anti-helenista. Assim Israel teve uma relativa autonomia religiosa e política em relação aos últimos Selêucidas, que ainda tentavam manter seu domínio sobre a região interferindo na religião judaica.

Mas a revolta de Matatias e seus filhos provocou a reação dos partidários do helenismo. Em 161 a.E.C., o sumo sacerdote Alcimo tentou barrar o avanço da rebelião macabaica, pedindo ajuda a Demétrio I Soter, rei sírio da linha selêucida, para lutar contra Judas Macabeu, o líder da revolta (1Mc 8). Este, por sua vez, pediu auxílio militar aos romanos, em 160 a.E.C., os quais vieram em socorro de Judas, assegurando aos rebeldes o controle da região. Em 144, sob a liderança de Jônatas Macabeu, irmão de Judas, essa aliança com Roma foi confirmada (1Mc 11,59-66). Mais tarde, com Simão, outro irmão de Judas, a aliança foi reafirmada, incluindo a cooperação de Esparta, na Grécia (1Mc 14,16-24; 15,15-21). Assim, o império romano se mostrava um parceiro importante no processo de liberdade de Judá, apoiando sempre que necessário. Essa "amizade" com Roma não causou problemas até o momento em que subiu ao trono romano o general conquistador Pompeu (66-62 a.E.C.). (Cf. mapa n. 30.)

Chegando de mansinho

Desde 148 a.E.C. os romanos já vinham transformando as antigas nações, antes dominadas pelo império helênico, em províncias romanas. Assim foi com a Macedônia (148 a.E.C.), a Ásia (Pérgamo), com o centro-oeste da atual Turquia (129 a.E.C.), com Creta, no Mediterrâneo, e Cirene, na África (67 a.E.C.). Pompeu conquistou o Ponto e a Bitínia, no norte da atual Turquia (66-65 a.E.C.), e a própria Síria (64 a.E.C.), transformando-as em províncias romanas. Por fim, em 63 a.E.C., chegou a vez de Israel. Dessa vez os romanos vieram para ficar, mas não como hóspedes convidados, e sim como os donos da situação.

A dominação romana em Israel estendeu-se além do período bíblico. O vasto império romano começou a entrar em decadência a partir do século IV da nossa era. Do ponto de vista do estudo bíblico, porém, podemos nos deter no ano 135 E.C. Esta é a data-limite do período "bíblico", isto é, quando todos os escritos bíblicos já tinham sua forma definitiva de redação, como estão até hoje.

Neste estudo vamos ver os primeiros 90 anos do período romano. Vai desde a tomada de Jerusalém por Pompeu, em 63 a.E.C., até o início da pregação pública de Jesus, que se deu provavelmente no ano 27 ou 28 E.C. Adotamos esta divisão de tempo porque assim encerramos o Primeiro Testamento e deixamos aberta a porta para entrar no Segundo Testamento. Esses anos são chamados pelos estudiosos da Bíblia de "período intertestamentário", justamente porque nele se deu a passagem do Primeiro para o Segundo Testamento. A sua compreensão nos permitirá situar melhor na história a pessoa e a obra de Jesus e de seus seguidores. O restante do período da dominação romana, de 27 a 135 E.C., será visto nos próximos estudos.

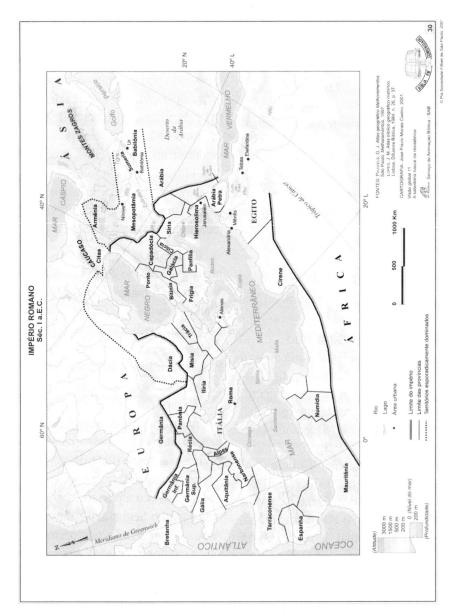

Roteiro para o estudo do tema

1. Oração inicial
Conforme a criatividade do grupo.

2. Mutirão da memória
Compor a síntese do conteúdo já lido por todos no subsídio. Caso as pessoas não tenham o subsídio, ficará a cargo do(a) líder expor a síntese.

Recursos visuais
Revistas e jornais com fatos atuais do Brasil.

3. Partilha da vida
Em grupos ou no plenário, procurar nas revistas e jornais sinais da dominação que hoje oprimem o Brasil: dominação econômica, política, cultural...

- Em nosso dia a dia, sentimos opressão econômica, política, cultural?
- Temos fatos que aconteceram conosco que comprovam essa opressão?

4. Sintonia com a Bíblia
Ler Tb 1,9-20.

Tobit, um judeu exilado na Assíria, luta contra a dominação e persiste em viver a fé judaica.

Diálogo de síntese
- Em nossa vida, encontramos situações semelhantes à de Tobit?
- A opressão econômica, política, cultural... traz dificuldades à nossa vida cristã?
- Como podemos superar essas dificuldades?

Lembrete: para a próxima reunião, todos tragam caixinhas de papelão. Podem ser de sapato, de remédio, de fósforo..., de qualquer formato ou tamanho.

2º tema
O império romano: a pirâmide da opressão

A terra de Israel muito cedo foi alvo de disputa entre os impérios do Oriente e do Ocidente, por ser um corredor de passagem entre os dois mundos. Pompeu, general do exército romano, concretizou as ambições do então imperador Júlio César, integrando Jerusalém e a Judeia ao seu domínio.

Exército: a força bruta do império

Quando Judas Macabeu aliou-se aos romanos, por volta de 160 a.E.C., Roma ainda não era um Império. Estava crescendo em importância e tornando-se uma nação sempre mais poderosa. Aos poucos os romanos foram conquistando territórios, que transformavam em províncias. Sua grande força conquistadora era o exército, numericamente grande, estrategicamente bem organizado em legiões, fortemente disciplinado e ideologicamente coeso. Como já vimos, desde 148 a.E.C. os romanos vinham estendendo seu domínio sobre as regiões em torno do Mar Mediterrâneo e pela Europa. Com Pompeu, por volta de 67 a.E.C., o interesse de Roma voltou-se para o Oriente. Com a conquista da Síria, transformada em província romana, o império romano construiu a ponte que lhe faltava para alargar o Império até a antiga Mesopotâmia, nos limites do rio Tigre. Essa política de expansão continuou com Júlio César e seus sucessores.

Tributos: a forma clássica da submissão

A forma clássica de submissão dos povos conquistados era o pagamento de tributos. Roma crescia e se enriquecia com os tributos das nações dominadas. Os produtos do campo e da indústria manufatureira eram comercializados sob o controle romano, e os dividendos desse comércio eram destinados ao pagamento dos tributos. Estes só eram aceitos se fossem em moeda romana. Assim o Império garantia a supremacia de sua moeda, amparada pelo sistema de cobrança de impostos. Para não haver fugas nem contestações ao sistema, Roma contava com seu exército. Pela força das armas, ela impunha aos povos conquistados sua política econômica.

Administração do Estado: o poder do mais forte

Para administrar todo aquele vasto território, os romanos criaram uma estrutura estatal complexa e eficiente. O poder era fortemente hierárquico, numa estrutura piramidal rígida. Todo o poder emanava diretamente da divindade do imperador, dirigente supremo do Império e do exército. Era comum que o general mais hábil se tornasse imperador, após a morte do antecessor. Isso quando a luta pelo poder não resultava no assassinato do imperador por um de seus generais. O Senado, com sede em Roma, era o órgão consultivo e deliberativo do imperador, e era composto pelos conselheiros da corte, que formavam uma intrincada lista de cargos e títulos, cada um dos quais implicando uma determinada jurisdição e competência, com seu respectivo grau de poder e prestígio: governadores de províncias, etnarcas, tetrarcas, cônsules, procônsules, legados, procuradores, prefeitos.

A pirâmide social

A estrutura piramidal do poder se reproduzia na estrutura social e econômica. No topo da pirâmide social romana estavam os nobres: a corte imperial, os altos funcionários do Estado como os senadores e os generais do exército. Esta era também a classe rica do Império. No meio estavam os homens livres, os que eram considerados cidadãos romanos. Essa cidadania era adquirida, primeiramente, por nascimento de pais romanos; em segundo lugar, por compra desse direito e, em terceiro lugar, por concessão do imperador a algumas cidades. Essa era a classe média do Império.

Na base da pirâmide estavam os escravos, que praticamente eram todos os que não detinham o direito de cidadãos romanos. Aí se incluíam os povos conquistados, inclusive Israel. Eles não participavam da política e não tinham acesso à propriedade e à liberdade de locomoção. Sua função na sociedade era produzir. Constituía a classe pobre e excluída do Império. A sua força de trabalho alimentava toda a estrutura imperial. Alguns escravos conseguiam a liberdade e passavam a fazer parte da classe dos libertos, mas não eram considerados cidadãos romanos.

A religião: os "divinos" imperadores

O império romano era politeísta. De modo geral deixava que cada um adorasse e cultuasse os deuses que quisesse. Mas, ideologicamente, obrigava os povos conquistados a cultuar também os deuses romanos. A partir de Otaviano, que se intitulou Augusto (31 a.E.C. a 14 E.C.), os imperadores romanos também passaram a considerar-se "divinos", isto é, semideuses, merecendo por isso um culto à sua imagem. No caso de Israel, devido ao seu zelo extremo pela religião monoteísta e a absoluta proibição de imagens como objeto de culto, os romanos foram mais brandos na exigência do culto ao imperador. Impuseram, porém, o oferecimento de um sacrifício diário ao imperador no Templo de Jerusalém, em substituição ao culto a ele. Os judeus também tiveram outras concessões dos romanos: estavam dispensados do serviço militar obrigatório nas legiões e tinham seu próprio tribunal, o Sinédrio, para julgar casos envolvendo os judeus. Mas o Sinédrio tinha um poder limitado: o julgamento de alguns delitos era reservado aos romanos, especialmente aqueles que implicavam pena de morte.

Percorrendo o período romano (1ª etapa: fim do Primeiro Testamento)

De 63 a 37 a.E.C.

Pompeu (66-48 a.E.C.)

No verão ou outono de 63, o general e cônsul romano, Pompeu, conquistou a cidade de Jerusalém. Assim ele pôs fim à disputa acirrada pelo poder na Judeia, que vinha desde os tempos de João Hircano (134-104 a.E.C.). Jerusalém tinha se tornado um ponto estratégico de suma importância no Oriente Próximo para quem desejasse controlar não só a região, mas também as vias de comunicação entre o Ocidente e o Oriente, e entre a Europa e a África. Para a geografia da época, isso significava controlar o norte e o sul, o leste e o oeste. Os romanos sabiam que os judeus eram muito zelosos, defensores das tradições culturais e religiosas de sua terra. Sabiam também que os judeus estavam espalhados por todas as regiões já conquistadas, onde mantinham forte o ideal de unidade em torno da Lei. Foi exatamente por causa da defesa de sua religião que os Macabeus haviam pedido ajuda a Roma, contra a tirania dos Selêucidas, extremamente intolerantes quanto à religião judaica. Essa característica dos judeus tornava-os uma nação peculiar comparada às outras conquistadas. Uma oposição aberta em relação aos judeus poderia pôr a perder os planos romanos para controlar a região. Por isso, Pompeu não transformou imediatamente a Judeia numa província romana, como tinha acontecido com os outros povos conquistados. A estratégia de dominação teve de ser diferente para o caso judeu. O controle romano se deu por meio das nomeações para os cargos importantes na Judeia, especialmente o cargo de sumo sacerdote.

O poder na Judeia: a religião subjugada

Quando Pompeu chegou a Jerusalém, encontrou uma situação bastante complicada no que tange ao exercício do poder. Quem mandava na Judeia era Aristóbulo II (67-63 a.E.C.). Mas seu poder não gozava de legitimidade, pois havia usurpado o trono de seu irmão, Hircano II. A disputa pelo poder judaico teve início em 67, com a morte da rainha mãe, Alexandra (76-67 a.E.C.). Hircano II, filho de Alexandra, tinha sido nomeado por ela sumo sacerdote. Quando a rainha morreu, Hircano II a sucedeu como rei, deixando o cargo de sumo sacerdote. Mas seu irmão Aristóbulo o destituiu e se intitulou rei e sumo sacerdote ao mesmo tempo.

No ano de 65 a.E.C., Hircano II se aliou a Aretas III, rei da Nabateia, e cercou Jerusalém, tentando retomar o poder de seu irmão usurpador. Mas a chegada de Pompeu na região fez com que se retirassem. Isso deu a Aristóbulo a chance de vencê-los depois, confirmando seu poder no trono da Judeia. Neste contexto, Pompeu precisou agir politicamente. Para garantir a política de "alinhamento" aos interesses de Roma, o general romano nomeou Hircano II, filho de Alexandra, como sumo sacerdote e governador. A medida visava garantir que a religião judaica, pela qual os judeus mais zelavam, pudesse estar "sob controle", além de satisfazer ao povo que não via com bons olhos o governo de Aristóbulo II, considerado ilegítimo.

Pompeu pôs fim ao reinado de Aristóbulo II e levou-o para Roma, juntamente com seu filho Antígono. Mas Hircano II não foi reconduzido à realeza em Jerusalém. Apenas voltou a ocupar cargo importante, mas com poder limitado. Enquanto exerceu esse cargo, de 63 a 40 a.E.C., quem administrava de fato a Judeia era seu ministro, o idumeu Antípater. Nesse período, os últimos asmoneus tentaram ainda se rebelar e tomar o poder em Jerusalém, mas foram debelados.

Parece que Israel esteve de alguma forma sob a jurisdição da Síria, já transformada em província romana. É o que indica o fato de que, durante o governo de Gabínio na Síria (57-55 a.E.C.), este quis dividir o território de Israel em cinco distritos administrativos. Cada distrito seria administrado por um Sinédrio local. Tal tentativa, porém, durou pouco, pois o forte sentimento de unidade do povo judeu tornou-a logo irrealizável. (Cf. mapa n. 31.)

Júlio César (48-44 a.E.C.)

No ano 48 a.E.C., Pompeu foi derrotado por César em Farsália, na Grécia, e logo depois morto no Egito. César manteve a política de não submeter diretamente os judeus ao domínio romano, mas de controlar os cargos públicos da Judeia, nomeando aqueles de quem pudesse obter apoio, confirmando Hircano II no cargo de etnarca, isto é, governador da Judeia e Antípater como o seu administrador. Em consideração à ajuda que César recebeu dos judeus, cedeu-lhes o controle da cidade de Jafa e das cidades da planície de Esdrelon. A partir daí, Antípater tornou-se um verdadeiro procurador romano na Judeia. Nomeou seu filho mais velho, Fasael, como governador de Jerusalém, e o filho menor, Herodes, como estratego da Galileia, isto é, uma espécie de general superior. Isso significava que Herodes tinha uma milícia romana sob seu comando. Sua primeira atuação foi sufocar a revolta de Ezequias, entre os anos 47-41 a.E.C. Em 44 César foi assassinado em Roma. Antônio assumiu o trono em seu lugar.

Antônio (41-30 a.E.C.)

Antônio era membro do triunvirato. Assim, logo que assumiu o governo do oriente, nomeou Herodes governador da Galileia e da Pereia, aumentando mais o poder deste. No ano 40 a.E.C., os partos, vindos da Pérsia, invadiram a Síria e a Judeia e tomaram Jerusalém, dominando a região até o ano 38, quando foram expulsos pelos romanos.

Quando os partos estavam no poder, nomearam Antígono, filho de Aristóbulo II, como rei da Judeia e sumo sacerdote. Herodes, então, fugiu para Roma. Hircano II foi deposto e mutilado. No fim daquele ano, o Senado romano nomeou Herodes rei da Judeia, mas ele só pôde exercer a realeza depois que venceu Antígono e tomou Jerusalém com a ajuda de Sósio, governador romano da Síria, no ano de 37 a.E.C.

O reinado de Herodes Magno (37-4 a.E.C.)

Herodes era filho de Antípater, idumeu. Sua mãe era nabateia. Ele tinha, portanto, uma longínqua descendência

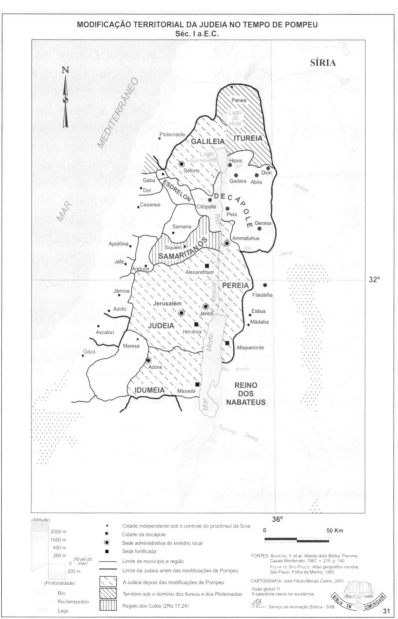

abraâmica[1] por meio de Esaú, irmão de Jacó, chamado também de Edom (Gn 25,30; Dt 23,8). Nasceu em Ascalon, na orla marítima do Mediterrâneo, que naquela época era uma cidade grega. Assimilou, portanto, a cultura grega na sua formação.

Herodes assumiu o trono de Jerusalém em 37 a.E.C. e reinou até o ano 4 a.E.C. Casou-se cinco vezes: com Doris, grega, que lhe deu o filho Antípater III; com Mariana I, judia, neta de Hircano II, da qual nasceram Aristóbulo e Alexandre; com Mariana II, judia, filha do sumo sacerdote Simão, de quem nasceu Filipe I, chamado também de Herodes; com Maltace, samaritana, da qual nasceram Arquelau e Herodes Antipas; e, finalmente, com Cleópatra VIII, egípcia, da qual nasceu Filipe II. (Ver mapa na p. 29.)

No ano 23 a autoridade de Herodes foi estendida à Traconítide, à Batanéia e à Auranítide, e, no ano 20, à Paneias. Essas regiões se localizam na parte oriental, a leste e nordeste do Jordão, na antiga Transjordânia, em direção à Síria.

Herodes, o repressor

No ano 31, Otaviano tornou-se cônsul absoluto de Roma, depois de ter derrotado Antônio na batalha naval de Áccio. A partir do ano 27 passou a chamar-se Augusto, assumindo o título de imperador. Durante seu reinado instaurou a política da pax romana, segundo a qual eram eliminados sistematicamente todos os adversários do império. O objetivo da política de Augusto era aniquilar cada foco de rebelião ou perturbação da ordem, para garantir a "paz", isto é, a perpetuação do sistema. Ele considerou Herodes um "rei aliado", certamente por causa da sua rígida conduta, que correspondia à política do imperador.

O governo de Herodes foi extremamente repressor, dentro da mais perfeita sintonia com a pax romana de Augusto. Ele era, de certa forma, o "braço de Augusto" na Judeia. No ano 30, Herodes executou Hircano II, que governara a Judeia antes de ser deposto e mutilado pelos partos (40 a.E.C.). Em 29 executou sua própria mulher, Mariana I. Nos anos 9-8 a.E.C. ele quis capturar um grupo de rebeldes da Traconítide que tinha sido acolhido pelo ministro Sileu, da Nabateia. Entrou no território nabateu, causando a revolta de Sileu, que se queixou a Augusto e do qual

---

[1] Além do mais, a população da Iduméia já havia sido obrigada, por João Hircano, a se converter ao judaísmo, aceitando a circuncisão e a agregação à nação judaica. Essas informações são importantes para legitimar a autoridade de Herodes perante o povo, e chega a tornar-se uma ideologia para justificar o seu poder.

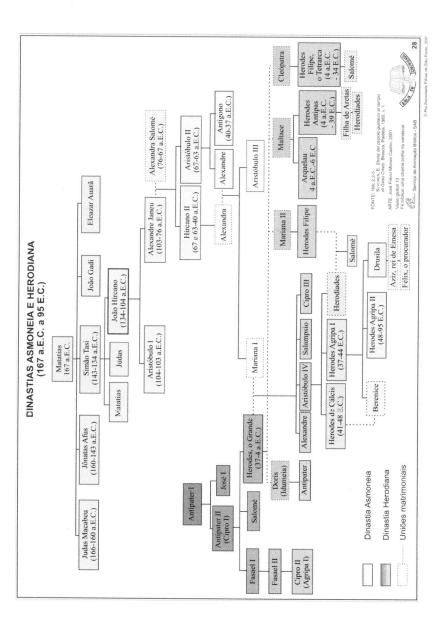

recebeu apoio. Isso causou grandes estragos no relacionamento de Herodes com Roma, pelo menos por algum tempo. Talvez para reverter isso e mostrar que estava alinhado à política de Augusto, no ano 7 a.E.C. Herodes mandou estrangular Aristóbulo e Alexandre, os dois filhos que teve com Mariana I. Essa crueldade só é explicada pela ganância do poder, combina com o perfil de Herodes traçado no evangelho de Mateus (Mt 2,1-19).

Herodes, o construtor

Herodes empreendeu muitas construções na terra de Israel.[2] Talvez por isso recebeu o título de Magno, o Grande, apesar de ter sido muito cruel. Suas obras mais importantes foram: no ano 30 construiu a Fortaleza Antônia e no ano 23, o Palácio da cidade alta, onde residia, ambos em Jerusalém; construiu também, na capital, três torres de vigia, nomeadas por ele como Mariana, Fasael e Ípica; no ano 23 ainda, fundou a cidade de Cesareia, na orla marítima, em homenagem a César, e aí construiu um porto artificial, pois a costa mediterrânea de Israel não tem portos naturais; reconstruiu outrossim as cidades de Antipátrida, na planície de Saron (At 23,31), Fasélida, no vale do Jordão e a antiga cidade de Samaria, a qual rebatizou de Sebaste, que é o correspondente grego do nome Augusto, também em homenagem ao imperador. Aí Herodes construiu um templo dedicado ao imperador, que se tinha declarado "divino".

As edificações de Herodes continuaram. Ele mandou construir um complexo residencial de três palácios em Jericó, junto a uma torrente, no caminho para Jerusalém. Um, palácio em estilo grego, era para a administração e os serviços. Outro, em estilo asmoneu, possuía salas de recepção, piscinas, pórticos e jardins. O terceiro era de estilo romano e servia para a moradia, com jardins, pátios, salas de recepção, termas, sacadas e uma grande piscina de 90 por 42 metros para jogos náuticos. Construiu ainda a pequena cidade-fortaleza de Massada — no alto de um monte de difícil acesso,

---

[2] Após a queda do reino de Judá, no tempo do domínio persa, essa região tornou-se conhecida como Província da Transeufratênia e, mais tarde, Judeia. Para simplificar e ao mesmo tempo identificar a terra do povo da Bíblia, vamos chamá-la sempre de *terra de Israel*, tendo presente que, ao longo da sua história, teve nomes diferentes abrangendo distintas extensões geográficas (cf. SAB. *Terras bíblicas, encontro de Deus com a Humanidade*. São Paulo, Paulinas. Coleção Bíblia em comunidade, v. 2). O nome "Palestina" foi dado pelos romanos a toda a região a partir do ano 132-135 E.C., e não apenas à faixa litorânea ocupada pelos filisteus, cuja terra já era conhecida por esse nome desde 1200 a.E.C.

próximo ao Mar Morto —, e o Herodion, palácio-fortaleza situado próximo de Belém, entre Jerusalém e o Mar Morto.

A mais importante obra de Herodes foi a reconstrução do Templo de Jerusalém, que havia sido saqueado por Crasso no ano 54, e, nessa ocasião, provavelmente, acabou sendo em parte destruído. Herodes iniciou essa reconstrução por volta dos anos 20-19 a.E.C. De acordo com Jo 2,20, as obras teriam levado 46 anos, o que situa sua conclusão somente em 26/27 E.C. Dá para imaginar o custo de tantas construções? Tudo isso exigia do povo o pagamento de impostos bem elevados! (Cf. croqui n. 32.)

A data do nascimento de Jesus

Existem diversos indícios históricos de que, nos últimos anos do reinado de Herodes Magno, houve um censo determinado pelo Império. O texto de Lc 2,1-2 faz referência a um recenseamento, quando "Quirino era governador da Síria". Os dados históricos a respeito de Quirino o situam entre os anos 12 e 6 a.E.C., embora Flávio Josefo[3] o situe no ano 6 E.C. Pode ter sido como reação a esse recenseamento que mais de 6.000 fariseus se negaram a fazer juramento a Augusto, no ano 7 ou 6 a.E.C. Outra hipótese é a de ter havido mais de um recenseamento, em épocas bem próximas, talvez um complementando o outro.

Conforme a informação de Mt 2,16.19, Herodes morreu pelo menos dois anos após o nascimento de Jesus. Como sua morte deu-se no ano 4 a.E.C., deve-se concluir que o nascimento de Jesus só pode ter se dado, de fato, antes desta data, ou seja, entre os anos 7 e 6 antes da nossa era.

---

[3] Historiador judeu do século I.

TEMPLO DE HERODES
Séc. I a.E.C

- Fortaleza Antônia
- Piscina
- Pórticos
- Átrio dos Sacerdotes
- Altar dos holocaustos
- Porta Bela
- Átrio dos Israelitas
- SANTUÁRIO
- Porta de Susa (atual Áurea)
- Átrio das Mulheres Israelitas
- Pórtico de Salomão
- Pórtico Real
- Pináculo do Templo
- Pátio dos Gentios
- Portas de Culda
- Escadaria (arco de Robinson)
- Muro de Separação entre Israelitas e Gentios
- Ponte (arco de Wilson)
- Planta Baixa

FONTE: RAVASI, G. *La Bibbia per la famiglia*. Milano. San Paolo. 1997. p. 128.

ARTE: Roberto Melo. 2001.

Visão global 11
A sabedoria nasce na resistência

Serviço de Animação Bíblica - SAB

© Pia Sociedade Filhas de São Paulo, 2001

A reação popular à política herodiana

Os 33 anos de reinado de Herodes foram marcados pela total submissão aos ditames de Roma, pelo seguimento da política da pax romana e pela bajulação aos imperadores. Antes de Herodes os romanos estavam distantes, "por debaixo dos panos", mas não indiferentes nem ausentes quanto à política da região de Israel. Herodes Magno foi o primeiro a ser considerado oficialmente "rei" da Judeia pelos romanos. No seu governo a presença e a intromissão romana nos assuntos de Israel tornaram-se muito mais evidentes. Os judeus não aceitaram pacificamente essa intromissão estrangeira, negando-se a prestar juramento a Augusto.

Segundo Flávio Josefo, foi Saturnino, governador da Síria entre 9 e 6 a.E.C., quem fez o recenseamento da Judeia, durante o qual nasceu Jesus. Essa informação confirma a data do nascimento de Jesus até o ano 6 a.E.C.

A contagem atual dos anos da "era cristã" parte do nascimento de Jesus, segundo os cálculos feitos pelo monge Dionísio, o Pequeno, no século VI. Ele se baseou em Lucas para atribuir a Jesus 30 anos exatos quando começou seu ministério público (Lc 3,23). O "ano décimo quinto do Império de Tibério" (Lc 3,1), segundo o calendário romano, corresponde ao ano 782/3. Assim, descontando-se os 30 anos que Jesus já teria vivido, temos o ano 752/3, o qual foi considerado por Dionísio como o ano um, início da era cristã. Mas no ano 15 de Tibério, que corresponde ao ano 752/3, Jesus já devia estar com pelo menos 33 anos, talvez até 37. Dionísio errou por pouco, de três a sete anos, como o demonstra a rebelião dos fariseus no ano 7/6 a.E.C.

Roteiro para o estudo do tema

1. Oração inicial
Conforme a criatividade do grupo.

2. Mutirão da memória
Compor a síntese do conteúdo já lido por todos no subsídio. Caso as pessoas não tenham o subsídio, ficará a cargo do(a) líder expor a síntese.

Recursos visuais
- Todos juntos constroem uma pirâmide com as caixinhas que foram trazidas. A pirâmide deve começar com a base larga, depois ir ficando mais estreita, até que no topo reste uma única caixinha.

3. Partilha afetiva
Após a construção, dialogar:
As caixas, diferentes umas das outras, encaixam-se facilmente na pirâmide? Quais as dificuldades que encontramos?
- No império romano as pessoas tinham muitas dificuldades: repressão do exército, tributos, corrupção política, assassinatos, religião manipulada, grandes construções.
- A pirâmide e o império romano lembram fatos de nossa sociedade hoje?

4. Sintonia com a Bíblia
Ler Lc 2,1-7.
José e Maria vão a Belém inscrever-se no recenseamento, que era uma exigência do império romano para a cobrança dos tributos.

Diálogo de síntese
Comentar e fazer um paralelo com a vida do povo brasileiro hoje:
- Saiu um edito de César Augusto para ser recenseado todo o Império. Todos iam se inscrever, cada um em sua cidade natal.
- Deitou-o em uma manjedoura, pois não havia lugar para eles na hospedaria.

Lembrete: para a próxima reunião, trazer gravuras ou nomes de mártires de ontem e de hoje: pessoas que, no começo do cristianismo, enfrentaram a morte para testemunhar a fé, e que ainda hoje são assassinadas porque denunciam a opressão e a violência dos poderosos contra o povo.

3º tema
Israel resiste pela fé

Herodes, o Grande, foi durante muitos anos o braço de ferro do império romano, na Judeia. Com a sua morte, os filhos deram continuidade à dinastia herodiana e à política da vassalagem ao então grande senhor do mundo, Otaviano, o Augusto, de Roma.

A expressão máxima da dominação romana era o pagamento de tributos

O recenseamento do povo tinha o objetivo de atualizar a quantia a ser paga ao Império. Roma deixaria a Terra de Israel em paz, desde que esta lhe pagasse o tributo ao "augusto senhor de toda a terra". À medida que crescia o inconformismo e a possibilidade de sonegação e até de rebelião contra o pagamento dos tributos, fez-se necessária a instalação de tropas romanas em diversos pontos estratégicos do país. A fortaleza Antônia, construída por Herodes em Jerusalém, devia ter essa finalidade, ou seja, abrigar uma milícia romana.

No último ano de Herodes, porém, a insatisfação do povo com os romanos cresceu ainda mais com a introdução, no Templo, de uma águia de ouro, símbolo do império romano. Para os judeus conscientes isso era uma profanação e a prova incontestável da perda efetiva da sua soberania e liberdade. O episódio gerou protestos que repercutiram alguns anos depois, no governo de Arquelau.

A sucessão de Herodes

No ano 4 a.E.C., Antípater, o filho mais velho de Herodes e de Doris, seu virtual sucessor no trono, foi executado. Herodes escreveu um testamento em favor de seus outros filhos: Arquelau e Herodes Antipas, nascidos de Maltace, e Filipe II, nascido de Cleópatra. Herodes morreu na residência de Jericó, em fins de março ou começo de abril do ano 4. Seu filho Arquelau trasladou seu corpo para o Herodion. No fim desse mesmo ano, Augusto confirmou o testamento de Herodes, mas não deu a Arquelau o título de rei. Ele tornou-se etnarca, isto é, governador da Judeia, da Idumeia e da Samaria, de 4 a.E.C. a 6 E.C.

Seu irmão Herodes Antipas foi nomeado tetrarca (governador de uma quarta parte da província) da Galileia e da Pereia, a leste do Jordão (4 a.E.C. a 39 E.C.). Filipe II, por sua vez, foi tetrarca da Gaulanítide, Bataneia, Traconítide e Auranítide, bem como do distrito de Paneias (Itureia), de 4 a.E.C. a 34 E.C.

Herodes tinha uma irmã chamada Salomé, que herdou também duas pequenas áreas do reino herodiano. Compreendia as cidades de Azoto e Jâmnia, no litoral mediterrâneo e Fasélida, no vale do Jordão. As cidades de Gaza, Gadara, Ippos e Esbus foram anexadas à província da Síria. Ascalon, cidade grega na orla marítima, terra natal de Herodes Magno, ficou fora da jurisdição de seus sucessores. (Cf. mapa n. 33.)

O governo de Arquelau na Judeia, Idumeia e Samaria (4 a.E.C. a 6 E.C.)

Arquelau era filho de Herodes Magno e de Maltace, a samaritana. Seu pai pretendia que ele recebesse o título de rei em seu lugar. Mas Arquelau recebeu apenas o título de etnarca da Judeia, da Idumeia e da Samaria. Sem dúvida a Samaria foi incluída em sua jurisdição porque sua mãe era samaritana. Ele poderia contar ali com a simpatia dos samaritanos, que vinham desde o século V a.E.C. se afastando dos judeus. Seu governo, porém, foi marcado por intensas revoltas, combatidas violentamente. Sua fama de cruel, como o pai, está notificada em Mt 2,22, o que causou em José o medo de habitar na Judeia, preferindo ir para a Galileia, que estava fora do domínio de Arquelau.

Na páscoa do ano 4 a.E.C., poucos dias após a morte de Herodes, Arquelau reprimiu uma revolta em Jerusalém e depois partiu para Roma para receber a investidura real. Queria agradar aos romanos "mostrando serviço" e revelando que estava disposto a seguir alinhado com os interesses de Roma. Mas não recebeu o título de "rei", como desejava.

Nesse mesmo ano ainda, Sabino, procurador dos bens de Augusto, foi a Jerusalém para inventariar os recursos do reino deixado por Herodes. Encontrou forte oposição por parte dos judeus. Explodiram distúrbios em todo o país. É nesse contexto que deve ser situada a revolta de Judas, o Galileu, citada em At 5,37, e a do fariseu Sadoc.

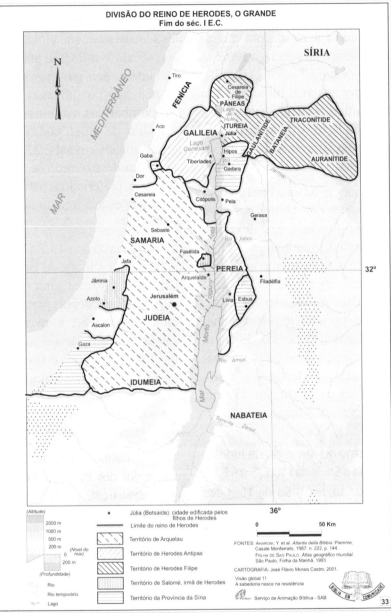

Ambos pregavam a recusa à obediência e ao pagamento de imposto a Roma. Sabino pediu ajuda a Quintílio Varo, então governador da Síria (6 a.E.C. a 4 E.C.). Este desencadeou uma intensa perseguição aos rebeldes em toda a terra de Israel. Dois mil revoltosos foram crucificados.

No ano 6 de nossa era, Arquelau foi deposto por Augusto e exilado para Viena, na província romana da Gália. Sua deposição pode ter sido estratégica: de um lado, as constantes revoltas do povo mostravam uma insatisfação com o seu governo, afinado com os romanos. De outro lado, a necessidade da intervenção de tropas estrangeiras para reprimir as rebeliões mostrava a sua incapacidade de segurar as rédeas da região nos momentos de crise. A partir daí, a Judeia passou a ser uma província romana governada por um procurador apoiado por uma milícia. Sua sede foi estabelecida em Cesareia, no Mediterrâneo. Sua jurisdição incluía, pois, a Samaria. Essa situação perdurou até o ano 41 E.C. A Judeia, a Idumeia e a Samaria, portanto, deixaram de ser o Estado judeu asmoneu que sobrou do antigo Estado de Israel, nascido no tempo da monarquia. Tornaram-se, agora claramente, uma porção do grande império de Augusto, governada diretamente por um procurador. Ele era o "representante oficial e pessoal" dos interesses imperiais no país. A situação mudou tanto que, do ponto de vista territorial, já não se reconhecia mais o que seria a "Nação", como tinha sido o antigo reino de Israel nos tempos de Davi e Salomão.

O governo de Herodes Antipas na Galileia e na Pereia (4 a.E.C. a 39 E.C.)

Do antigo reino de Herodes Magno, seu filho Herodes Antipas, irmão de Arquelau, herdou a Galileia e a Pereia. Mas tampouco foi intitulado rei, senão tetrarca. Seu governo durou bastante, ao contrário do governo de Arquelau, talvez por fazer uma política de total subserviência aos interesses de Roma. Por volta do ano 17 E.C., ele fundou e construiu a cidade de Tiberíades, às margens do Lago da Galileia, em homenagem ao imperador Tibério. Ela tinha um estilo grego, e foi construída sobre um cemitério, o que a tornava impura por natureza. Nela havia um palácio real, um estádio para os jogos e uma imensa sinagoga.

Antipas era também inescrupuloso e violento, como demonstra o episódio da prisão de João Batista, por volta do ano 27 E.C., e de sua posterior degolação, decretadas por ele. Mas parecia alimentar uma certa flexibilidade diante do movimento de resistência representado por João, porque gostava de ouvi-lo, considerando-o um homem justo e santo (Mc 6,17-20) e respeitando a admiração do povo por ele, que o considerava um profeta (Mt 14,5). Estaria aí a diferença de postura entre Antipas e Arquelau, o que também justificaria a sua longa permanência no poder. O pivô do envolvimento de João com Herodes foi seu casamento com Herodíades, então esposa de seu irmão por parte de pai, Herodes (Filipe I), filho de Mariana II. Esse episódio será aprofundado no próximo estudo.

O governo de Filipe II a leste e nordeste do Jordão (4 a.E.C. a 34 E.C.)

Filho de Herodes Magno e Cleópatra VIII, Filipe II herdou do pai a tetrarquia da Gaulanítide, Bataneia, Traconítide e Auranítide. Foi-lhe acrescentado o distrito de Paneias (Itureia). Não deve ser confundido com seu irmão por parte de pai, Filipe I, filho de Mariana II, chamado também de Herodes por Josefo, e citado no caso de adultério denunciado por João Batista (Mc 6,17).

Seu governo também foi, pelo visto, bastante pró-romano: embelezou a cidade de Júlias, em homenagem ao antigo imperador Júlio César. Ela veio a se chamar depois Betsaida. Fica na margem oriental do Lago da Galileia. Depois construiu Paneias (Panion), mudando-lhe o nome para Cesareia, dessa vez homenageando o imperador Augusto. Essa cidade é chamada nos evangelhos de Cesareia de Filipe, e se distingue da outra Cesareia, a Marítima, cidade portuária construída por Herodes Magno junto ao Mediterrâneo. Foi em Cesareia de Filipe que Pedro declarou sua fé em Jesus: "Tu és o Cristo" (Mc 8,27-30).

Filipe II não teve influência direta nos acontecimentos que marcaram a vida de Jesus e das comunidades cristãs. Morreu sem deixar herdeiros, no ano 33-34 E.C. Sua tetrarquia foi anexada à província da Síria pelo imperador Tibério.

Os procuradores romanos na Judeia entre 6 e 41 E.C.

Com a deposição e extradição de Arquelau, no ano 6 E.C., seu território, constituído pela Judeia, Idumeia e Samaria, passou a ser uma província governada por um procurador romano, conforme já vimos. O primeiro procurador foi Copônio (6-8 E.C.). No seu tempo, provavelmente, Anás, filho de Set, tornou-se sumo sacerdote em Jerusalém, exercendo esse cargo até o ano 15 E.C. Esse posto se tornou, de novo, a mais alta função política em Israel, exercida pelos próprios judeus. Era na ocasião o único cargo reconhecido e legitimado pelos judeus. Mas também aí os romanos "metiam o nariz".

Outro procurador foi Valério Grato (15-26 E.C.). Nesse tempo Tibério já era imperador (14-37 E.C). Valério depôs Anás. Sucederam-se rapidamente outros três sumos sacerdotes até que, no ano 18 E.C., assumiu José, chamado Caifás, genro de Anás. Este exerceu o cargo de sumo sacerdote até o ano 36 E.C. Mas era seu sogro quem de fato exercia a função de sumo sacerdote, devido ao seu prestígio perante os judeus (Lc 3,2).[1]

Pôncio Pilatos foi procurador da Judeia de 26 a 36 E.C. Como residia em Jerusalém, há uma dúvida se seria procurador de toda a região, como seus predecessores, ou se seria apenas prefeito de Jerusalém. Tudo indica que essa cidade era o pivô da política, que media a temperatura das relações entre os judeus e os romanos. Não é absurdo pensar que os romanos tiveram de estabelecer um estatuto político particular para a cidade. Contudo, sua importância estratégica pode ter determinado a mudança da sede procuratorial de Cesareia Marítima para Jerusalém.

Uma coisa é certa: a presença de Pilatos e, obviamente, da guarnição do exército imperial em Jerusalém, tornava ainda mais patente para os judeus a total submissão de Israel ao Império. O povo voltou a ser, pouco a pouco, escravizado e explorado, como nos velhos tempos do Egito. Voltou a não ter liberdade e autonomia política, como nos velhos tempos da Babilônia. As circunstâncias estavam a exigir, de novo, um libertador, um messias. Quem poderia assumir esse papel?

---

[1] Cf. na Bíblia de Jerusalém a nota a Lc 3,2.

Roteiro para o estudo do tema

1. Oração inicial
Conforme a criatividade do grupo.

2. Mutirão da memória
Compor a síntese do conteúdo já lido por todos no subsídio. Caso as pessoas não tenham o subsídio, ficará a cargo do(a) líder expor a síntese.

Recurso visual
Cada um apresenta a gravura ou o nome que trouxe dos mártires de ontem e de hoje.

3. Partilha afetiva
O império romano tentou manipular a fé de Israel, profanando o Templo com uma águia de ouro, que era símbolo do imperador. Vendo a opressão e o sofrimento do povo, muitos judeus reagiram em defesa da vida e da fé, e o exército crucificou 2.000 pessoas.

Em pequenos grupos ou no plenário, dialogar:
- No Brasil de hoje, há tentativas dos poderosos de manipular a fé do povo?
- Por quais motivos a manipulação interessa aos dominadores?

4. Sintonia com a Bíblia
Ler At 5,33-37.
São citados grupos que se revoltaram contra a situação em que viviam e clamaram por justiça, mas foram considerados baderneiros e rebeldes, e, depois, exterminados.

Diálogo de síntese
- Como os meios de comunicação mostram hoje os grupos que reclamam por seus direitos?
- Qual a relação que existe entre clamar por justiça e direitos e entregar a vida pela fé?

Lembrete: para a próxima reunião, colocar um galho de árvore dentro de um vaso ou de outro recipiente. Trazer palha de aço, para ser desfiada e enrolada no tronco e nos ramos do galho de árvore, e fósforos.

4º tema
Reações dos judeus ao poder romano

A presença do império romano no Oriente Próximo, sobretudo na Judeia, não foi pacífica. Diferentes grupos surgiram na época, alguns alinhados com Roma, outros de resistência à sua dominação.

Os diversos grupos existentes na época

Alguns grupos, como os herodianos e os saduceus, eram a favor dos romanos, porém outros, como os fariseus, os zelotas e os essênios, resistiram à ingerência política e, sobretudo, religiosa na Judeia.

Herodianos: os alienados

A palavra herodiano vem de Herodes. Trata-se dos seguidores e simpatizantes desse rei e de sua dinastia. Os herodianos eram a favor da política romana, dominante na época. Eles apoiavam a dinastia de Herodes, defendendo o reconhecimento de seu filho Herodes Antipas, tetrarca da Galileia, como o legítimo "rei de Israel". Esse grupo seria conhecido, mais tarde, como o "partido dos herodianos" (Mc 3,6; Mt 22,16). Herodes Magno tinha contra si a inconformidade do povo por ele não ser de descendência davídica nem asmoneia, pois era filho de pai idumeu e de mãe nabateia.

Os seus casamentos com várias mulheres descendentes dos antigos líderes apoiados pelos judeus no passado[1] poderiam conferir a seus filhos, pelo menos em parte, o status de cidadãos de Judá, que ele mesmo não tinha. Sendo Herodes um rei tão cruel e violento, é de se admirar que houvesse gente a seu favor. Contudo, a maioria do povo não era favorável à sua política de submissão aos interesses romanos, que dava legitimidade e apoio à sua continuidade no poder.

Fariseus: os guardiães da fé judaica

A origem dos fariseus parece estar nos assideus (1Mc 2,42),[2] grupo de judeus piedosos que zelavam pela observância fiel da Torá,

---

[1] Mariana I era neta de Aristóbulo II e de Hircano II; Mariana II era filha do sumo sacerdote Simão.
[2] Cf. na Bíblia de Jerusalém nota a 2Mc 1,42.

diante da ameaça de helenização imposta pela política intolerante dos Selêucidas, a partir do século II a.E.C. Os assideus uniram-se ao movimento rebelde liderado pela família dos Macabeus, também desejosa de salvar o judaísmo da torpe influência do helenismo e da ingerência política dos sírios (Selêucidas) na vida dos judeus.

Os fariseus são chefes espirituais do povo de Israel na época do segundo templo, desde o início até o final do século I. Estima-se que a sua doutrina tenha suas raízes nos tempos de Esdras e Neemias, daí o zelo pela Torá.[3] Seus membros dedicavam-se ao estudo e à observância da Lei mosaica e às suas tradições, especialmente ao sábado, à pureza ritual e aos dízimos. Em relação ao governo de João Hircano I, começaram a fazer-lhe oposição por causa de sua política filo-helenística e por ele ter usurpado o sumo sacerdócio. Os fariseus, embora defensores da teocracia, politicamente eram moderados diante do domínio romano, se comparados à ferrenha oposição dos zelotas e ao apoio dos saduceus aos romanos. Eram progressistas quanto às crenças religiosas: acreditavam na existência dos anjos, na ressurreição e na imortalidade (Mt 22,23-33; At 23,6-10). Essas crenças consolidaram-se em Israel mais no final do período do Primeiro Testamento, sendo recusadas pela linha mais conservadora, apegada às tradições antigas. Não encontravam unanimidade de aceitação entre os judeus. Os fariseus gozavam de grande prestígio e liderança entre o povo. Jesus não condenava a doutrina deles (Mt 23,3), mas a hipocrisia e soberba de alguns deles (Mt 23,13-36), que desprezavam o povo e o consideravam "ignorante" (Lc 18,9-14).

Liberalismo ou revigorismo?

Entre os anos 18 e 15 a.E.C., surgiram os fariseus Hillel e Shammai. Cada um fundou sua "escola", que se tornou rival uma da outra. Cada escola tinha os seus discípulos que recebiam a instrução sobre a Torá, baseada na interpretação que os "mestres" (rabi) faziam dela. Buscavam aplicar os seus preceitos aos mais diversos casos. Hillel era mais liberal, enquanto Shammai era mais rigoroso. Eles deram origem ao rabinato, que adquiriu mais importância no judaísmo posteriormente.

No tempo de Herodes Magno, as relações dos fariseus com a política

---

[3] Cf. Vv.Aa. *Dictionnaire Enciclopédique du Judaisme*. Paris, CERF/Robert Laffont, 1996. p. 781.

pareciam ter dado uma guinada de 180 graus. Se no tempo dos Macabeus eles teriam recebido de bom grado a ajuda militar dos romanos, pedida por Judas, em defesa da soberania de Israel, agora, no tempo de Herodes, é a própria ingerência de Roma que ameaça e incomoda o povo judeu. Como Herodes se alinhava com a política romana, é de se pensar que os fariseus não o apoiassem, pelo menos nesse campo. Isto se confirma pela recusa de mais de 6.000 fariseus a prestar juramento a Augusto, no ano 7-6 a.E.C.

A colocação da águia de ouro no Templo, no ano 4 a.E.C., deve ter causado a revolta dos fariseus, zelosos defensores da pureza do Templo, local mais sagrado dos judeus. Mas sua revolta não se traduzia mais em guerrilha armada, como no tempo dos Macabeus. A solução, para eles, estava em cada um obedecer à risca os preceitos da Lei. Isto bastaria para que Deus abençoasse e defendesse o povo, garantindo sua liberdade e bem-estar. Os que não praticavam a Lei eram, portanto, os responsáveis pela desgraça da nação. Os fariseus esperavam, pois, que Deus punisse os "pecadores e maus" e salvasse os "bons e justos".

Zelotas: a paixão pela liberdade

Esse nome vem do grego "zelos" que significa zelo, ciúme, defesa extremada de uma convicção própria quando esta é ameaçada. Os zelotas ou zelotes teriam surgido na época da revolta de Judas Galileu e do fariseu Sadoc, no ano 4 de nossa era, durante o governo de Arquelau. Seu zelo pela liberdade do povo diante dos romanos e pela "limpeza" política expulsando os intromissores estrangeiros, levou-os a assumir a rebelião armada como caminho de instauração do novo reino messiânico. Os zelotas formavam um partido revolucionário e nacionalista. Seus membros eram fanáticos opositores da dominação romana.[4] Seu ideal era estabelecer uma teocracia, expulsando pela força os dominadores estrangeiros (At 5,37). Por isso foram duramente reprimidos e massacrados pelos romanos, exatamente por representarem a forma mais perigosa de movimento judaico contra os interesses do império romano. Sua existência comprova que os judeus não aceitaram passivamente a dominação romana. Mesmo com toda a repressão, sobreviveram como movimento muitos anos depois,

---
[4] Cf. na Bíblia de Jerusalém nota a 2Mc 2,24.

na época do ministério de Jesus. Simão, um dos doze apóstolos, era zelota (Mt 10,4; Lc 6,15).

Essênios: os penitentes

O movimento dos essênios é muito importante sob diversos aspectos, mas, sobretudo, para os estudos bíblicos, pois eles deixaram muitos escritos bíblicos, e sobre a vida da comunidade. Nas grutas próximas do mosteiro foram encontrados todos os livros do cânon da Bíblia hebraica, exceto o livro de Ester; Targuns,[5] escritos apócrifos como o livro de Henoc, dos Jubileus e outros.[6] Entre os escritos bíblicos foram encontrados a "regra de vida" da comunidade, comentários sobre os profetas bíblicos, suas histórias, visões e hinos.

Saduceus: a elite manipulada e manipuladora

Formavam um partido religioso e político, cujo nome se relaciona com Sadoc, o sumo sacerdote colocado por Salomão em lugar de Abiatar (1Rs 2,35). Os saduceus separaram-se dos fariseus quando Jônatas, irmão de Judas Macabeu, usurpou o sumo sacerdócio (152 a.E.C.). Desde então os saduceus se tornaram adversários dos fariseus, dos quais se distinguem pelas crenças religiosas. Suas convicções religiosas tendiam a negar o sobrenatural (Mt 22,23; Mc 12,18; At 23,6-10). Só aceitavam estritamente a tradição escrita, particularmente do Pentateuco, afirmando não encontrar aí a doutrina da ressurreição da carne (2Mc 7,9).

Na política, os saduceus apoiavam a dominação romana e controlavam a nomeação dos sumos sacerdotes. Constituíam, por isso, uma espécie de elite na sociedade judaica, pois se associavam mais ao poder econômico, dele se beneficiando. Não aceitavam as tradições orais judaicas, apegando-se somente ao que está escrito na Lei. Por isso, não acreditavam em anjos nem na ressurreição. Quem vive na abundância material não vê muita necessidade de redenção vinda do além. Sua concepção de Messias jamais incluiria uma mudança de "lugar social" do rico para o pobre. Não esperavam mudanças, pois a situação lhes era muito favorável.

---

[5] São as traduções dos textos bíblicos do hebraico para o aramaico conhecidas no século II a.E.C. São importantes para o estudo textual, porque representam um meio para reconstruir o texto hebraico através do aramaico.

[6] Esses escritos são importantes para reconstruir as diferentes correntes teológicas do judaísmo intertestamentário, ou seja, entre os dois Testamentos, o Primeiro e o Segundo.

Último escrito do Primeiro Testamento já sob o domínio romano

De 63 a.E.C. a.27 E.C. só temos notícia do aparecimento de um único livro do Primeiro Testamento: o livro de Sabedoria. O período da dominação romana estendeu-se muito além do ano 135 E.C., mas por volta desta data foi concluído o Segundo Testamento. Mas este é um assunto para os próximos estudos.

O Primeiro Testamento fecha-se, como obra escrita, com o Livro da Sabedoria, escrito em Alexandria, cidade judaica no Egito. Esse livro, escrito em grego, foi atribuído a Salomão, que tinha fama de sábio em Israel (Sb 9,7-8.12). Usando o modelo de um discurso retórico bem articulado, o livro mostra o papel da Sabedoria de Deus no destino do homem e compara a sorte dos justos e a dos ímpios durante a vida e após a morte (Sb 1–5). Expõe a origem e a natureza da Sabedoria e os meios para consegui--la (Sb 6–9). Por fim, exalta a ação da Sabedoria e de Deus na história do povo eleito, centralizada na libertação do Egito (Sb 10–19). Faz uma longa exposição, fugindo um pouco do assunto, na qual critica a idolatria (Sb 13–15).

O Livro da Sabedoria pretende mostrar a excelência dos ensinamentos judaicos diante do mundo helenizante, com suas atraentes correntes filosóficas, ciências, religiões de mistérios, astrologia, exoterismo etc. É uma obra apologética, isto é, quer defender a doutrina judaica dos desvios provocados pelo helenismo. Seu autor parece não ter sido um filósofo nem um teólogo, mas um sábio de Israel. Exorta à oração e à meditação para se encontrar Deus, fonte da verdadeira sabedoria.

Escritos intertestamentários[7]

Os escritos que surgiram no período intertestamentário não são considerados escritos bíblicos, mas são muito importantes, porque foi nesse período que Jesus viveu e de alguma forma refletem a mentalidade, a teologia, as tradições culturais e religiosas da sua época. Esse período inicia-se no ano 50 a.E.C., quando foi escrito o Livro da Sabedoria,[8] último livro do Primeiro Testamento e o primeiro livro do Segundo Testamento, e vai até por volta do ano 50 E.C., com a 1ª carta aos Tessalonicenses.

---
[7] Cf. PAUL, A. *O que é intertestamento*. São Paulo, Paulinas, 1981. p. 93.

[8] Esse livro não faz parte da Bíblia hebraica. É considerado Deuterocanônico nas Bíblias usadas pelos católicos.

Nesse período desenvolveram-se muitas tradições orais e escritas dos rabinos com a intenção de descobrir e transmitir o sentido das Escrituras (Torá). Essa preocupação deu origem ao *Midrash, à Mishnah, aos Targuns e a toda* a forma de comentários às Escrituras. O termo *Midrash* vem de *darash* do hebraico e significa buscar, procurar, pesquisar. Em relação às Escrituras é a busca do seu significado por meio dos textos narrativos (*hagadah*, isto é, narrar) e legislativos (*halakah*, isto é, caminhar). A *hagadah* traz os comentários homiléticos das Escrituras de uma forma leve, agradável, cheia de imagens, comparações para facilitar a memorização da mensagem. Os comentários são voltados para formação das virtudes e da moral familiar e social. Além dos comentários das Escrituras em geral e dos seus personagens, há uma preocupação em transmitir a vida dos heróis que são dignos de imitação, como Rabi Aqiba, Rabi Yehuda Hanassi e outros. Já a *halakah* tem força de lei, é árida, normativa. Dela são tiradas a orientação e as normas para serem observadas na vida cotidiana familiar, social, religiosa. A *Mishnah* traz um complexo de leis e sua interpretação sobre a vida religiosa e social judaica. E os *Targumim* significam tradução, porém não se trata de uma tradução ao pé da letra, mas trazem já uma interpretação, na qual acresce outras leituras.

Entre o século II a.E.C. e o fim do século I da E.C., surgiu um grande número de apocalipses judaicos em torno de alguns personagens bíblicos, como Henoc, Moisés e outros. São também conhecidos o livro dos Jubileus, os Salmos de Salomão, os Testemunhos dos doze Patriarcas, os Oráculos Sibilinos e outros. Por volta do ano 37/8 da era cristã nasceu Flávio Josefo, historiador judeu, que muito cedo começou a escrever sobre esse período em suas obras *A Guerra dos Judeus*, *Antiguidades Judaicas*, na *Autobiografia* e no *Contra Apião*.

Mesmo que não tenha entrado no cânon bíblico nenhum escrito desse período, não deixa de ser um período rico também na sua produção literária.

Conclusão

O período de dominação romana começa na última etapa do Primeiro Testamento, no ano 63 a.E.C., e avança por todo o Segundo Testamento, até 135 E.C., o período que nos interessa. Interessou-nos neste estudo a primeira etapa dessa dominação, isto é, de 63 a.E.C. a 27 E.C. Esse é o período de tempo que fecha o Primeiro Testamento e abre o Segundo.

A partir do ano 63 a.E.C. os romanos passaram a exercer um controle cada vez maior em Israel. Sua presença na região havia começado por volta de 160 a.E.C., com o pretexto de ajudar Israel a manter sua autonomia, com os Macabeus. Depois de uma ligeira experiência de autodeterminação de seu destino, Israel — agora quase sempre identificado com a Judeia — caiu de novo nas garras de um império estrangeiro. Dessa vez foram as garras da águia, símbolo do império romano. Deixou de ser ajuda para se converter em domínio sobre o povo. Roma começou primeiro com a nomeação de lideranças judaicas, como sumos sacerdotes, príncipes e até reis. Depois passou para a ocupação direta. Em outros casos chegou mesmo à conquista militar, impondo à força seu domínio sobre a Judeia ou a região que se tinha rebelado.

Pouco a pouco a loba foi escondendo suas tetas e mostrando suas garras e dentes afiados. Mas os judeus não aceitaram, passivamente, a nem sempre sutil opressão. Diversas rebeliões aconteceram aqui e acolá, mas foram violentamente reprimidas e debeladas pela força militar romana. Difícil era aceitar que as próprias lideranças judaicas tinham sido cooptadas pelo dominador, na estratégia de garantir que, numa situação de aparente autonomia nacional, os interesses do Império (sobretudo os econômicos) fossem defendidos, ainda que às custas da miséria do povo. Os tributos estabelecidos por Roma eram o preço a ser pago para Israel ter uma relativa, senão falsa, liberdade, visto que, na prática, sempre era Roma que dava a última palavra, não importando se eram chamados reis, governadores, etnarcas, tetrarcas ou simplesmente chefes. Todos os que exerceram algum cargo político em Israel, nessa última fase do Primeiro Testamento, têm a marca registrada da submissão a Roma. A novidade ficou por conta dos movimentos de resistência popular, que demonstraram uma capacidade enorme de manter vivo o ideal de liberdade.

Cronologia da terra de Israel sob o domínio romano
De 63 a.E.C. a 06 a.E.C.

IMPÉRIO ROMANO	TERRA DE ISRAEL
63: Pompeu – general romano – invade Jerusalém.	63: Pompeu nomeia Hircano como sumo sacerdote e leva para Roma: Aristóbulo e seu filho Antígono. Hircano nomeia seu ministro Antípater, O Idumeu, governador da Judeia.
	54: Crasso saqueia o templo.
53: Partos derrotam Crasso e depois o assassinam.	
51-30: Cleópatra VII, rainha do Egito.	50: Em Alexandria é escrito o Livro da Sabedoria.
48: Pompeu é derrotado em Farsália e morto no Egito por Júlio César.	47: Júlio César nomeia Hircano etnarca (47-41). Herodes, filho de Antípater, estratego da Galileia: sufoca a revolta de Ezequias.
44: Júlio César é assassinado.	43: Antípater morre envenenado.
41-30: Antônio no Oriente.	41: Antônio nomeia Tetrarca Herodes e seu irmão Fasael.
40: Partos na Síria e na Terra de Israel. Fim de 40: Senado nomeia Herodes rei da Judeia, Samaria e Galileia.	40: Os partos nomeiam Antígono rei e sumo sacerdote. Herodes foge para Roma e Hircano é mutilado.
38: Os partos são expulsos da Síria e da Terra de Israel.	39-37: Luta entre Herodes e Antígono.
38-37: Sósio, governador da Síria.	37: Herodes casa-se com Mariana I e, com Sósio, toma Jerusalém. Herodes Magno torna-se rei (37-4 a.E.C).
31: Otaviano vence Antônio.	30: Herodes mata Hircano II.
29: Otaviano, imperador vitalício e, em 27, torna-se AUGUSTO.	29: Herodes mata Mariana I. *Constrói*: Torre Antônia, Palácio na cidade alta. *Reconstrói*: Antipátrida, Fasélida, Samaria (Sebaste), o Herodion e Cesareia.
23: Herodes recebe a Traconítide, Batoneia e a Auramítide e, em 20, Paneias.	20-19 Início da reconstrução do Templo; Hillel e Shammai – escolas rivais.
12-6: Sulpício Quirino – Indícios de um recenseamento do Império.	12-6 O recenseamento: Lc 2,1-2 (?).
9: Aretas IV, rei da Nabateia, reina aproximadamente até 39 E.C.	7: Herodes estrangula Alexandre e Aristóbulo, filhos que teve com Mariana I. ±: 7-6: Nascimento de Jesus.

Cf. Quadro Cronológico da Bíblia de Jerusalém, pp. 2180-2181.

Roteiro para o estudo do tema

1. Oração inicial
Conforme a criatividade do grupo.

2. Mutirão da memória
Compor a síntese do conteúdo já lido por todos no subsídio. Caso as pessoas não tenham o subsídio, ficará a cargo do(a) líder expor a síntese.

Recurso visual
Colocar no centro do grupo o galho de árvore, já com a palha de aço enrolada, mas não acender.

3. Partilha afetiva
Na Bíblia, a pessoa é representada pelo símbolo da árvore. Vimos no conteúdo desta reunião que em Israel havia muitos tipos de pessoas: umas favoráveis a Roma, outras resistentes a seu domínio. Dialogar:

- Em nossas Igrejas também há hoje grupos com pensamentos diferentes?
- Com que a Igreja do Brasil está comprometida? Com a vida e a justiça? Ou com o poder?

4. Sintonia com a Bíblia
Acender com um fósforo a palha de aço que está enrolada no galho de árvore. Deixar que ela queime toda.

Ler Sb 3,1-9.

O Livro da Sabedoria foi escrito no período romano. Os sábios de Israel refletem sobre o martírio e a luta. Concluem que só à luz da fé se pode compreender o sentido das mortes que parecem absurdas.

Subsídios de apoio

Biografia utilizada

DONNER, H. *História de Israel e dos povos vizinhos.* Petrópolis, Sinodal/Vozes, 1997. pp. 497-519.

LOHSE, E. *Contexto e Ambiente do Novo Testamento.* São Paulo, Paulinas, 2000.

SICRE, José Luis. *O quadrante, II — A aposta.* São Paulo, Paulinas, 2000.

Recursos visuais

CASTRO, José Flávio Morais. *Transparências de mapas e temas bíblicos para retroprojetor.* São Paulo, Paulinas, 2001.

CASTELLANI, Alberto e equipe. *Nos passos de Jesus.* Paulinas/COMEP, 2000.

Sumário

APRESENTAÇÃO 5

METODOLOGIA 7
   Motivação 7
   Sintonia integral com a Bíblia 7
   Pressupostos da metodologia integral 8
   Recursos metodológicos 9
   Roteiro para o estudo dos temas 10
   Cursos de capacitação de agentes para a pastoral bíblica 10

INTRODUÇÃO 11

1º TEMA – ISRAEL E BRASIL, IRMÃOS NA BUSCA DA LIBERTAÇÃO 13
   Retomando o caminho feito 14
   O período grego trouxe tempos difíceis para Israel 14
   Os impérios que ameaçaram a soberania do Brasil 15
   Roma: de aliada a dominadora 16
   Chegando de mansinho 17
   Roteiro para o estudo do tema 19

2º TEMA – O IMPÉRIO ROMANO: A PIRÂMIDE DA OPRESSÃO 21
   Exército: a força bruta do império 22
   Tributos: a forma clássica da submissão 22
   Administração do Estado: o poder do mais forte 23
   A pirâmide social 23
   A religião: os "divinos" imperadores 23
   Percorrendo o período romano (1ª etapa: fim do Primeiro Testamento) 24
   Roteiro para o estudo do tema 34

3º TEMA – ISRAEL RESISTE PELA FÉ 35
   A expressão máxima da dominação romana era o pagamento de tributos 36
   A sucessão de Herodes 36
   O governo de Arquelau na Judeia, Idumeia e Samaria (4 a.E.C. a 6 E.C.) 38
   O governo de Herodes Antipas na Galileia e na Pereia (4 a.E.C. a 39 E.C.) 39
   O governo de Filipe II a leste e nordeste do Jordão (4 a.E.C. a 34 E.C.) 40
   Os procuradores romanos na Judeia entre 6 e 41 E.C. 40
   Roteiro para o estudo do tema 42

4º TEMA – REAÇÕES DOS JUDEUS AO PODER ROMANO 43
   Os diversos grupos existentes na época 44
   Último escrito do Primeiro Testamento já sob o domínio romano 48
   Escritos intertestamentários 48
   Conclusão 49
   Roteiro para o estudo do tema 52

SUBSÍDIOS DE APOIO 53